¡Comunícate!

Cómo lo dices

Dona Herweck Rice

Créditos de publicación

Rachelle Cracchiolo, M.S.Ed., *Editora comercial*
Conni Medina, M.A.Ed., *Gerente editorial*
Nika Fabienke, Ed.D., *Realizadora de la serie*
June Kikuchi, *Directora de contenido*
Caroline Gasca, M.S.Ed., *Editora superior*
Sam Morales, M.A., *Editor asociado*
John Leach, *Editor asistente*
Kevin Pham, *Diseñador gráfico*
Jill Malcolm, *Diseñadora gráfica básica*

Créditos de imágenes: Todas las imágenes de iStock y/o Shutterstock.

Library of Congress Cataloging-in-Publication Data

Names: Rice, Dona, author.
Title: Como lo dices / Dona Herweck Rice.
Other titles: How you say it. Spanish
Description: Huntington Beach : Teacher Created Materials, 2018. | Series: ?Comunicate! |
Identifiers: LCCN 2018008961 (print) | LCCN 2018012132 (ebook) | ISBN 9781425830397 (ebook) | ISBN 9781425826949 (pbk.)
Subjects: LCSH: Communication--Juvenile literature.
Classification: LCC P91.2 (ebook) | LCC P91.2 .R4318 2018 (print) | DDC 302.2--dc23
LC record available at https://lccn.loc.gov/2018008961

Teacher Created Materials
5301 Oceanus Drive
Huntington Beach, CA 92649-1030
www.tcmpub.com

ISBN 978-1-4258-2694-9

Printed in China
Nordica.102018.CA21801130

¿Cuál es la mejor forma
de decir algo?
Las palabras correctas
dependen de dónde estés.
También dependen de
quién está cerca de ti.

¿Qué pasa si algo no tiene sentido?

Con tus amigos puedes
decir: "No lo pesco".
Con tu maestro puedes
decir: "No lo entiendo".

¿Qué pasa si pruebas una comida extraña que te causa **desagrado**?

Con tus amigos puedes decir: "¡Puaj!".
Con tu familia puedes decir: "No me agrada esto".

¿Qué pasa si vas a llegar tarde?

Con tus amigos puedes decir: "¡Apúrate!". Con tu padre puedes decir: "Ya deberíamos irnos".

¿Qué pasa si algo nuevo te hace feliz?

Con tus amigos puedes decir: "¡Qué genial!". Con tu maestra puedes decir: "¡Eso es estupendo!".

¿Qué pasa si necesitas usar el baño?

En casa puedes decir:
"¡Tengo que ir ya!".
Con tu maestra puedes
preguntar: "Por favor,
¿puedo usar el baño?".

¿Qué pasa si estás frustrado por algo?

Con tus amigos puedes decir: "¡Ayúdame!". Con tu madre puedes decir: "Por favor, ayúdame".

¿Qué pasa si ves a alguien que se ríe mientras mira la **pantalla** de una computadora?

Con tus amigos puedes decir: "¡Déjame ver!". Con tu padre puedes preguntar: "¿Puedo mirar?".

¿Qué pasa si no escuchas lo que alguien dice?

Con tus amigos puedes preguntar: "¿Cómo?". Con tu maestra puedes preguntar: "¿Podría repetirlo, por favor?".

¿Qué pasa si conoces a alguien por primera vez?

Puedes decir: "Hola", cuando la persona tiene tu edad. Cuando conoces a un **adulto**, puedes decir: "Mucho gusto en conocerlo".

Puedes elegir las palabras correctas cada vez que hablas.

¡Ese es tu superpoder de las palabras!

Glosario

adulto

desagrado

frustrado

pantalla